INHALT

Vorwort   3

Was ist Affiliate Marketing?   5

Wieviel verdient man als Affiliate Marketer?   7

Wo findet man Affiliate Produkte?   9

Welches ist das richtige Affiliate Produkt?   11

Das Geld steck in der Liste   15

Kostenlose Listen bilden   23

Affiliate Angebote bewerben   27

Was machen die Anderen?   30

Wie schreibt man ein Werbe-E-Mail   32

Geld im Schlaf verdienen   37

Bonus: 4 Tipps wie man seine Verkäufe stei-
gert   40

Abschliessende Worte   48

Bonus   50

Rechtliche Hinweise   60

Impressum   62

Online Marketing und Online Geld verdienen:

Affiliate Marketing - Business Anleitung für Anfänger und Einsteiger!
Schritt für Schritt
zum eigenen Affiliate Business

Autor - Phil Schartner

Vorwort

Liebe Leserin, lieber Leser!

Die Zeit ist im Wandel und in den letzten Jahren ist mit der Entwicklung im Internet auch eine einzigartige Möglichkeit des Geld verdienen entstanden. Der Überbegriff Online-Marketing bringt es auf den Punkt und beschreibt damit auch gleich worum es im Groben geht. Online, also virtuell zum einen Marketing zu machen, sowie Produkte, Dienstleistungen und Hilfestellungen zu bewerben und letztendlich zu verkaufen.

Nichts gegen den guten alten Handwerksberuf, doch im Internet sein Geld zu verdienen hat ganz einfach viele Vorteile. Es ist zum einen egal wer Du bist und wie Du aussiehst, und zum anderen kannst Du diesen Job von überall auf der ganzen Welt aus machen. Du brauchst dazu lediglich einen Computer und Internetzugang.

Es ist also nicht soweit hergeholt, wenn wir

Bilder von Menschen auf einer Sonnenliege an einem Traumstrand sehen, die mit ihrem Laptop am Schoß arbeiten und dabei auch noch Spaß haben.

Das Beste daran ist, Du kannst das auch! Und in diesem Sinne wünsche ich Dir jetzt viel Spaß mit den folgenden Seiten!

Dein *Phil Schartner ;-)*

Was ist Affiliate Marketing?

Affiliate Marketing ist einer der besten Arten Online Geld zu verdienen. Während andere Methoden kommen und gehen, wird Affiliate Marketing voraussichtlich mit dem Handel von Waren und Dienstleistungen über das Internet stetig wachsen.
Wer gutes Affiliate Marketing betreibt kann damit eine ganze Menge Geld verdienen. Und das Beste: Es ist super einfach und günstig mit Affiliate Marketing anzufangen.

Doch was ist Affiliate Marketing eigentlich? Ganz einfach: Man bewirbt ein Produkt mit Hilfe eines speziellen Affiliate-Links. Für jeden abgeschlossenen Kauf erhält man eine Kommission. Das Produkt kann dabei eine Dienstleistung, ein digitales oder ein physisches Produkt sein.

Das Beste daran: Man muss weder sein eigenes Produkt entwickeln, noch muss man sich ein grosses Warenlager anschaffen. Alles, was man braucht um mit Affiliate Marketing anzufangen ist ein Affiliate Link. Diesen bekommt man, indem man sich kostenlos bei einem der unzähligen Affiliate Programmen anmeldet und schon kann man anfangen Geld zu verdienen, ohne selbst auch nur einen Cent dafür auszugeben.

Affiliate Marketing ist auch für den Verkäufer sinnvoll, denn so findet er Partner die sein Produkt für ihn verkaufen, ohne dass der Verkäufer dafür weiteres Geld investieren muss. Erst nachdem ein neuer Kunde etwas gekauft hat, bezahlt er den Affiliate mit einem gewissen Prozentsatz des Kaufs. Eine Win-Win Situation für Verkäufer und Affiliate Marketer, denn der Verkäufer spart sich somit das Risiko und viel Geld für Werbung und der Affiliate wird beim Gewinn beteiligt.

Wieviel verdient man als Affiliate Marketer?

Eine allgemeine Antwort auf diese Frage kann man also nur schlecht geben, da es von sehr vielen Faktoren abhängig ist.
Ist das Produkt gut?
Ist die Verkaufsseite ansprechend und professionell gestaltet?
Passt das Produkt zum ausgewählten Zielpublikum?

Die besten Affiliate Marketer weltweit verdienen jährlich bis zu achtstellige Beträge. Je nachdem wie viel Aufwand man dabei betreibt und wie gut man ist, ist es durchaus möglich mehrere tausend Euro pro Monat mit Affiliate Marketing zu verdienen. Mit etwas Geschick und dem nötigen Wissen ist dies sogar in nur ein paar Stunden pro Woche zu schaffen.

Die Kommissionen die man erhält variieren von 1 % bis hin zu 100 % des Kaufpreises. Normalerweise erhält man für digitale Produkte, wie Online Kurse und digitale Bücher mehr

Kommission als für physische Produkte. Dies liegt daran, dass ein einzelnes digitales Produkt keine Kosten mit sich bringt, so dass der Verkäufer grosszügiger mit den Kommissionen sein kann.

100 % Kommission erhält man meist nur für ein "Einstiegs-Produkt", welches dazu da ist neue Kunden zu gewinnen.

Wo findet man Affiliate Produkte?

Es gibt eine schier unbegrenzte Anzahl an Affiliate Produkten die man bewerben kann. Täglich kommen neue Produkte und Dienstleistungen hinzu.

Ob man nun physische oder digitale Produkte bewerben möchte, hängt natürlich mitunter auch an den eigenen Interessen. Wer sich zum Beispiel einem Hobby wie Fussball widmet, wird sich eher für physische Produkte entscheiden, während jemand im Dating oder Ernährungs-Bereich sich eher auf digitale Produkte konzentrieren wird.

Die meisten Internet Marketer bewerben digitale Produkte. Hier sind die Verkäufer in der Regel grosszügiger mit Ihren Kommissionen und man kann somit normalerweise auch mehr Geld verdienen, als bei physischen Produkten.
Dies hängt jedoch auch oft mit der gewählten Nische und dem Affiliate Angebot zusammen.

Doch wo findet man nun die passenden Affilia-te Angebote?

Am Besten fängt man mit einer einfachen Google-Suche an. Entweder sucht man direkt nach seinem Hauptthema + Affiliate/Partner-programm (z.b. "Angeln Affiliate" oder "Ko-chen Partnerprogramm") oder man sucht nach spezifischen Keywords der jeweiligen Nische (z.b. "Kochtopf Partnerprogramm" oder "Lip-penstift Affiliate").

Wer sich noch nicht auf eine Nische festgelegt hat, kann sich auch in einem der vielen Affilia-te Verzeichnissen umsehen und sich dort ein passendes Angebot heraussuchen. Die gröss-ten deutschsprachigen Netzwerke sind dabei affili.net, tradedoubler.de und awin.com. Aller-dings gibt es noch viele weitere Netzwerke und Verzeichnisse in denen man tolle Affiliate Angebote finden kann.

Welches ist das richtige Affiliate Produkt?

Die Auswahl des richtigen Produktes ist wahrscheinlich der wichtigste Punkt wenn es ums Affiliate Marketing geht. Hier entscheidet sich, ob die Kampagne erfolgreich ist oder nicht. Wer das richtige Produkt für das richtige Zielpublikum findet kann damit eine Menge Geld verdienen.

Wer hingegen das falsche Produkt für sein Zielpublikum auswählt wird kaum mehr als ein paar zufällige Erfolge erzielen, auch wenn er noch so ein guter Affiliate Marketer ist.

Doch sollte nicht nur darauf geachtet werden, dass das Produkt gut aussieht und sich leicht verkaufen lässt. Es sollte auch immer sichergestellt werden, dass das Produkt auch das bietet was es verspricht. Wer einmal für ein schlechtes Produkt wirbt, wird diesen schlechten Ruf nur noch sehr schwer wieder los. Daher sollte man nach Möglichkeit immer sicher gehen, dass das Produkt auch gut genug ist und das hält, was es verspricht.

Als goldene Regel gilt: Man sollte immer das Produkt bewerben, bei dem das Zielpublikum den meisten Nutzen hat. NIEMALS sollte man das Produkt wählen, bei dem man denkt man könnte damit am meisten Geld verdienen.

Die erfolgreichsten Marketer sind sich in einer Sache einig: Die Interessen der Kunden sind immer wichtiger als die eigenen Interessen. Wer nur auf den kurzfristigen Profit aus ist, muss ständig neue Kunden suchen. Wer sich jedoch zuallererst um die Kunden und deren Bedürfnisse kümmert, kann sicher sein, dass zufriedene Kunden immer wieder gerne zurückkehren und weiteren Kaufempfehlungen nachgehen werden.

Eine der Aufgaben eines Affiliates ist es, ein vertrauensvoller Berater zu sein. Wer seinem Zielpublikum die besten Produkte empfiehlt die ihnen am meisten helfen, dessen Erfolg ist bereits vorprogrammiert. Wer diese einfache Aufgabe für genügend Leute erfüllen kann wird automatisch zu einem Fachmann in dem entsprechenden Bereich. Dadurch erhöht sich automatisch die Reichweite und immer mehr

Leute suchen dessen Rat, welches Produkt sie kaufen sollen.

Heisst das nun, dass man sich jedes Produkt selbst kaufen muss, um sicherzugehen, dass es gut genug ist?
Nicht unbedingt.
Selbstverständlich ist es am Besten, wenn man für Produkte wirbt, die man sich selbst gekauft hat. Denn so weiss man, dass die Verkaufsseite und das Produkt selbst ansprechend genug sind und dass es auch andere Leute gibt, die dieses Produkt kaufen werden.

Einige Verkäufer stellen einem auch das Produkt kostenlos zum Test zur Verfügung. Dies ist natürlich immer einfacher, wenn man sich bereits einen Namen gemacht hat und für andere Produkte erfolgreich geworben hat.
Wenn man sich das Produkt also nicht selbst kaufen möchte, kann man immer beim Verkäufer anfragen ob dieser einem das Produkt zur Begutachtung zur Verfügung stellt.

Natürlich kann man auch auf Onlinebewertungen zurückgreifen.
Allerdings weiss man nie, wer diese Bewertungen schlussendlich geschrieben hat und ob diese vertrauenswürdig sind oder nicht.

Es besteht ein gewisses Risiko, dass sich diese Bewertungen als falsch erweisen und das Produkt nicht hält was es verspricht. Daher sollte genau abgewägt werden, ob man nun dieses Risiko eingehen will oder nicht.

Das Geld steck in der Liste

Jeder Internet Marketer hat es schon oft gehört - das wohl meistbenutzte Zitat im Internet
Marketing: "Das Geld steckt in der Liste."
Und mit gutem Recht. Zwar gibt es andere
Methoden um per Affiliate Marketing Geld zu
verdienen, doch ist keine der Methoden so lukrativ wie eine eigene E-Mail Liste.

Wer eine aktive E-Mail Liste besitzt hat quasi
seine eigene legale Gelddruckerei. Alles was
man tun muss ist ein passendes Affiliate Angebot herauszusuchen, eine kurze E-Mail
darüber zu schreiben und auf senden zu drü-
cken und schon purzeln die Kommissions-Be-
nachrichtigungen rein.

Die Frage ist nur, wie man sich so eine Liste
aufbauen kann?
Zuerst braucht man etwas, das man kostenlos
im Austausch für eine Newsletter-Anmeldung
weitergeben kann. Dieses Produkt kann zum
Beispiel ein eBook, ein Video (oder ein mehr-
teiliger Videokurs) usw. sein. Zwar kann man

auch ein physisches Produkt verteilen, dies zieht jedoch weitere Kosten mit sich und ist aufwändiger, als ein kurzes PDF, welches automatisch verschickt werden kann.

Dieses Produkt sollte auf jeden Fall etwas sein, dass möglichst viele Leute des Zielpublikums haben wollen. Es lohnt sich hierfür etwas mehr Zeit zu investieren.

Entweder man schreibt selbst ein kurzes eBook, dreht ein Video oder sucht sich ein Produkt mit den entsprechenden Rechten, welches man verwenden kann (sogenannte Private Label Rights Produkte). Man kann natürlich auch einen Freelancer damit beauftragen ein Video oder eBook für einen zu erstellen. Hauptsache das Endprodukt ist qualitativ hochwertig und hilft ein spezifisches Problem zu lösen.

Als Nächstes braucht man natürlich noch eine Landing Page. Dies ist eine einfache, kleine Webseite die nur ein Ziel hat: Die E-Mail-Adresse des Besuchers zu bekommen. Diese Seiten sind in der Regel ganz simpel gehalten und beinhalten nur wenig Text. Eine kurze Google Suche hilft auch hier weiter um einige Beispiele zu finden.

Weiterhin braucht man einen Autoresponder wie beispielsweise Get Response oder AWeber, um die E-Mail-Adressen zu sammeln und automatische E-Mail Nachrichten zu verschicken. Die Meisten dieser Anbieter bieten auch Landing Pages an. So kann man sich diese ganz einfach und ohne Programmier-Kenntnisse selber aufstellen.

ACHTUNG:
Hierbei sollte man darauf achten, dass mit dem Autoresponder Anbieter auch Affiliate marketing betrieben werden darf. Zwar ist MailChimp ein kostenloser E-Mail Marketing Anbieter, jedoch verbietet dieser in den Allgemeinen Geschäftsbedingungen Affiliate Marketing.

Nachdem sich der Besucher für den Newsletter angemeldet hat kann man diesen auf ein zweites Angebot verweisen. Dies kann ein eigenes, kostenpflichtiges Produkt sein oder aber ein passendes Affiliate Angebot. Natürlich werden nicht alle die sich für den Newsletter angemeldet haben auf das Angebot eingehen. Aber es wird durchaus Leute geben die sich das Produkt kaufen werden. Dies ist eine gute Möglichkeit um ein paar Euro zu verdienen während man seine eigene Liste aufbaut.

Sobald man die oben genannten Punkte alle fertig aufgebaut hat, wird es Zeit Besucher auf die Landing Page zu schicken, damit sich möglichst viele Leute für den Newsletter anmelden.

Es gibt hunderte Arten, wie man Besucher auf die eigene Landing Page bringen kann. Unter anderem: Ein Link auf dem eigenen Blog, Werbung auf Facebook und anderen Social Media Seiten zu schalten, andere bezahlte Werbung, Forums-Marketing, Artikel- oder Video-Marketing und noch viele weitere mehr. Bevor man jedoch hunderte Euro in Werbung investiert, sollte man unbedingt erst einmal alles Testen und seine eigene Konversionsrate herauszufinden.

Hier ein kurzes Beispiel: Nehmen wir an, dass 100 Besucher auf die Landing Page kommen. Davon melden sich 38 Leute an. Dies entspricht also einer Konversionsrate von 38 %.

Und von diesen 38 Leuten, entscheiden sich 5 Leute das angebotene Affiliate Produkt zu kaufen. Dies ist eine Konversionsrate von ca. 13 % oder aber 5 % aller Besucher.
Anders gesagt heisst das, dass im Schnitt jeder 20. Besucher das Angebot annehmen wird und wir eine Kommission erhalten.

Wenn wir nun eine Affiliate Kommission von 35 € pro Kauf erhalten haben wir insgesamt 175€ verdient.
Nun wissen wir auch, dass wir für jeden Besucher nicht mehr als 1.75€ ausgeben dürfen, damit wir keinen Verlust machen.
Jetzt können wir entweder nach Werbung Ausschau halten, die uns weniger als 1.75€ pro Besucher kostet, oder wir optimieren unser Angebot und unsere Landing Page um unsere Konversionsrate weiter zu erhöhen.

Dies tun wir, indem wir eine zweite, beinahe

identische Landing Page erstellen und nur eine Kleinigkeit daran ändern. Die Kleinigkeit könnte zum Beispiel die Textfarbe oder das Hintergrundbild sein oder eine kleine Änderung am Titel oder im Text. Per Split Test können wir dann alle Besucher abwechselnd auf eine Seite schicken.

Nehmen wir an, dass wir 200 weitere Besucher auf unsere Landing Page geschickt haben. Davon sind 100 Besucher auf Seite A und 100 Besucher auf Seite B gelandet.

Seite A war unsere Ausgangsseite und nehmen wir der Einfachheit halber an, dass sich dort erneut 38 Personen angemeldet haben. Auf Seite B haben wir nur das Hintergrundbild geändert, doch diese Änderung hat sich bemerkbar gemacht, denn auf dieser Seite haben sich ganze 45 Leute angemeldet.

Nun haben wir die Konversionsrate der Anmeldungen von 38 % auf 45 % gesteigert. Mit der neuen Konversionsrate sehen natürlich mehr Leute das Affiliate Angebot und mehr Leute schlagen auch hier zu.
Bei einer Konversionsrate von 13 % des Affi-

liate-Produkts sind dies 5.8 Personen, oder 203€ Umsatz pro 100 Leute, respektive 2.03€ pro Person.

Mit dieser kleinen Änderung können wir nun rund 2€ pro Besucher ausgeben.

Ohne diese einfache Änderung würden wir pro Besucher 0.28 € verlieren. Bei 1'000 Besuchern wären das schon 280€ die wir entweder in weitere Werbung investieren könnten, oder mit denen wir uns einen schönen Abend machen könnten um unseren Affiliate Erfolg ordentlich zu feiern.

Das Ganze kann man natürlich beliebig oft wiederholen und so seine Konversionsrate um die Einnahmen pro Besucher zu steigern. Man sollte nur darauf achten die Tests lange genug laufen zu lassen, um eine möglichst genaue Auswertung zu erhalten. Je grösser die Besucherzahl um so genauer auch die Auswertung. Die Besten Landing Pages werden durch solche Tests soweit optimiert, bis sie eine Konversionsrate von 50-60 % haben - manche erreichen sogar noch mehr!

Das heisst, dass sich dort mehr als die Hälfte aller Besucher anmelden.

Mit einem guten Angebot nach der Anmeldung lässt sich das ganze auch noch von selbst finanzieren.
Und all den gesammelten E-Mail-Adressen auf der Liste kann man natürlich später noch weitere Angebote schicken und zusätzliches Geld verdienen.

Natürlich kann man seine List auch kostenlos aufbauen. Allerdings dauert dies in der Regel deutlich länger. Es sei denn, man hat bereits ein grösseres Zielpublikum auf welches man zurückgreifen kann. (Zum Beispiel YouTube Abonnenten, Social Media Follower oder Blog-Leser).

Eine Möglichkeit ist das Forums-Marketing. Hierbei meldet man sich in einem oder mehreren möglichst grossen Foren der jeweiligen Nische an und nimmt an den Unterhaltungen teil. Wichtig dabei ist, dass man nie seine eigenen Produkte oder die Liste bewirbt, sondern lediglich durch hilfreiche und konstruktive Kommentare ein Teil der Community wird und seine Landing Page in der Forums-Signatur einfügt. Andere Mitglieder werden von alleine auf den Link aufmerksam.

Allerdings ist zu beachten, dass nicht alle Foren Links in der Signatur zulassen. Diese Methode ist vor allem dann hilfreich, wenn man sich sowieso in Foren aufhält und gerne an Diskussionen teilnimmt.

Wichtig dabei ist natürlich auch, dass das Forum möglichst viele aktive Mitglieder hat, die die jeweiligen Beiträge auch sehen. Da es aber leider immer weniger Nischen-Foren gibt, funktioniert diese Methode nicht in allen Nischen.

Die zweite Möglichkeit ist es, ein eigenes Blog zu erstellen. Diese Methode ist zudem mit Abstand die Beste. Vor allem in Kombination mit Suchmaschinen-Optimierung ist diese Methode unschlagbar und sollte von jedem Affiliate Marketer genutzt werden.

Das Ziel hierbei ist es, durch gute Blog Posts und geschicktem SEO soweit oben wie möglich in den Suchmaschinen zu erscheinen. Dabei sollte man sich vor allem am Anfang um sogenannte Longtail Keywords bemühen. Diese Keywords haben in der Regel mehr als 2–3 Wörter. Hier ein paar Beispiele für mögliche Longtail-Keywords in der Dating Nische: "Wie bekomme ich meinen Ex zurück?" "Wohin zum ersten Date" "Wo kann man am besten Frauen kennenlernen".

Diese Keywords sind meistens sehr spezifisch auf eine Frage ausgelegt, die der Suchende lösen möchte. Wer nun einen Beitrag verfasst, welcher sich genau mit diesem Thema befasst, hat bessere Chancen zu diesem Suchbegriff aufzutauchen als eine grosse Daiting Seite, die sich nicht direkt mit dem Thema befasst.
Falls der Besucher den Beitrag hilfreich findet, dann ist die Chance hoch, dass er sich weitere Beiträge anschaut oder sich gleich für den Newsletter anmeldet.

Blog Marketing kann äusserst lukrativ sein. Anders als bei Werbung ist ein veröffentlichter Artikel immer aktiv und solange die Seite online ist besteht die Möglichkeit durch diesen Artikel neue Leute für seine Liste zu finden.
Damit Blog Marketing auch richtig funktioniert ist es wichtig, dass man Suchmaschinen-Optimierung betreibt.
Auch sollte man darauf achten, dass die gewählten Suchbegriffe oft genug gesucht werden und bei denen man aber trotzdem noch

unter die ersten 5 Einträge in Google kommen kann. Je bekannter und älter sein eigener Blog wird, umso einfacher wird es auch eine gute Position bei Google zu erhalten.

Zu guter Letzt gibt es noch die Möglichkeit seine Liste durch YouTube zu bilden. Auch hier sollte darauf geachtet werden, dass man zielgenaue Videos für die YouTube Suche erstellt, um seinen Kanal und damit auch seine Liste möglichst rasch zu vergrössern.
Da YouTube mittlerweile als zweitgrösste Suchmaschine gilt, ist auch diese Methode durchaus empfehlenswert. Video Marketing wird auch in Zukunft an Wichtigkeit zunehmen, da immer mehr Leute die Antwort zu ihren Fragen in Videos suchen, statt lange Artikel zu lesen.

Eine Kombination von YouTube Videos und dem eigenen Blog ist durchaus sinnvoll. Dadurch verdoppelt man seine Chancen gefunden zu werden und ist nicht komplett aufgeschmissen sollte YouTube einmal entscheiden den Kanal aus irgendwelchen Gründen zu sperren.

Affiliate Angebote bewerben

Die Frage ist nun natürlich, wie man denn jetzt Geld mit der eigenen Liste verdienen kann. Indem man, wie bereits erwähnt, seiner Liste E-Mails schickt, in denen man für gewisse Produkte wirbt.

Allerdings sollte man sicher stellen, dass die Produkte, die man seiner Liste weiterempfiehlt auch hilfreich sind und vor allem auch halten, was sie versprechen. Ansonsten verliert man sehr schnell das Vertrauen seiner Liste.

Wenn erst einmal das Vertrauen weg ist, dann kann das Angebot noch so gut sein: keiner wird mehr etwas kaufen wollen - auch wenn sich die Leute nicht vom Newsletter abmelden. Nur die wenigsten melden sich über den Link in der Email vom Newsletter ab. Meistens landen einfach alle Nachrichten im Spam Ordner.

Wer sich bemüht passende Angebote für seine Liste zu finden und dabei sicherstellt, dass die Produkte auch qualitativ gut sind, der sollte sich nie schlecht fühlen seiner Liste etwas verkaufen zu wollen. Schlussendlich will man damit in erster Linie den Leuten auf seiner Liste helfen ihre Ziele zu erreichen.

Egal wie man es anstellt: Der eine oder andere Abonnent wird sich darüber aufregen, sobald man für ein Produkt wirbt. Leider gibt es immer und überall Leute die der Überzeugung sind, alles sollte kostenlos sein. Doch sollte man sich von solchen Leuten nicht abbringen lassen und sich weiterhin auf die Menschen konzentrieren, die sich ernsthaft helfen lassen wollen.

Allerdings sollte man die Werbung niemals übertreiben. Niemand will mit Werbung zugespammt werden und niemand benötigt 3 verschiedene Produkte die das ein und dasselbe Problem lösen.
Während man durch das Bewerben von Affiliate Produkten sein Geld verdient, sollte man nie vergessen den Abonnenten auch genügend Gründe zu geben um sich nicht vom Newsletter abzumelden.

Es gibt zwar einige Marketer, die genau dies machen und ihre Liste täglich mit neuen Empfehlungen und Angeboten überhäufen. Jedoch sind dabei die Abonnenten bald wieder soweit, dass sie sich abmelden oder den täglichen Werbemails keinerlei weitere Beachtung schenken. Dies hat zur Folge, dass der Marketer immer auf der Suche nach neuen Abonnenten sein muss um genügend Verkäufe zu machen.

Kurzum: Ein guter Mix zwischen inhaltlichen Emails, die zur Kundenbindung beitragen und einigen ausgewählten Produktempfehlungen sollte angepeilt werden.
Dabei gibt es keine "Goldene Formel" die besagt jeder Promotion sollten X inhaltliche Emails folgen. Dies variiert stark von Nische zu Nische und sogar von Liste zu Liste.

Was machen die Anderen?

Ein kurzer Tipp zwischendurch: Es ist immer hilfreich zu sehen wie es andere Affiliate Marketer in der jeweiligen Nische machen. So sollte man sich bei den Listen seiner Mitbewerber anmelden. Am Besten sucht man sich Newsletter von grossen Affiliate Blogs der eigenen Nische aus und studiert deren E-Mails.
Was steht in den Betreff-Zeilen?
Was für Produkte empfehlen sie?
Wie sehen die E-Mails inhaltlich aus?
Wie oft werden E-Mails versendet?
Wie ist die Balance zwischen inhaltlichen Nachrichten und Produktempfehlungen?
Diese und weitere Fragen können dabei helfen die eigene Strategie zu erstellen.

Wer diese Emails genau studiert kann dabei einiges von bereits erfolgreichen Affiliate Marketer lernen. Dieses Wissen kann dann für die eigene Liste angewandt werden um seinen eigenen Erfolg zu verbessern.

Es versteht sich hierbei natürlich von selbst, dass man dabei niemals einen einzigen Marketer 1 : 1 kopieren oder nachmachen sollte.

Man sollte lediglich sehe wie es die Anderen machen, um einen Anhaltspunkt zu finden. Man sollte versuchen die Ideen und Anregungen mit dem eigenen Stil zu kombinieren und etwas Neues und eigenes daraus zu kreieren.

Wie schreibt man ein Werbe-E-Mail

Wir wissen nun, dass man durch Werbe-E-Mails als Affiliate Marketer sein Geld verdient. Doch wie schreibt man nun solch ein E-Mail um möglichst viele Leute dazu zu bewegen das beworbene Produkt auch zu kaufen?

Beim Werbetexten gibt es eine einfache Regel: Der wichtigste Satz des ganzen Werbetextes ist der 1. Satz.
Hier entscheidet sich, ob der Leser den Artikel als interessant genug ansieht um diesen ganz zu lesen (oder zumindest um weiterzulesen) oder ob er den Artikel einfach überspringt.

Welcher Satz ist nun beim E-Mail Marketing am wichtigsten?
Genau. Der Betreff.

Die Betreffzeile entscheidet, ob die E-Mail überhaupt geöffnet wird oder ungeöffnet in den Papierkorb fliegt. Der Betreff muss also so geschrieben werden, dass der Empfänger die E-Mail einfach aufmachen und lesen MUSS. Und das am Besten sofort, bevor das Interesse wieder verfliegt. Schliesslich kann der Abonnent nur dann etwas kaufen, wenn er die E-Mail überhaupt liest.

Eine gute Idee ist es, die Nachrichten in seinem E-Mail Archiv durchzugehen und zu sehen welche Betreffzeilen einen selbst am meisten dazu gebracht haben die E-Mail gleich zu öffnen und zu lesen - vor allem dann, wenn man eigentlich ganz was anderes vor hatte.
Haben diese Betreffzeilen etwas gemeinsam? Ist ein Muster erkennbar?
Wichtig hierbei ist natürlich auch, dass der Betreff auch zum eigentlichen Inhalt der Nachricht passt.

Wenn Betreff und Nachricht keine Gemeinsamkeit haben, so fühlt sich der Abonnent veräppelt und wird zukünftige Nachrichten nicht mehr lesen.

Oft hilft es auch erst die komplette E-Mail zu schreiben und die Betreffzeile erst danach zu schreiben.

Doch wie schreibt man nun die E-Mail selbst so, dass der Leser auf den Affiliate Link klickt und sich das Produkt kauft?

Auch hier kann man sich wieder an den anderen Affiliate Marketern orientieren. Zwar sollte man niemals einen anderen Marketer kopieren, dennoch lässt sich viel dabei lernen. Interessant wird es besonders dann, wenn mehrere Affiliates dasselbe Produkt bewerben. Zwar ist das Produkt selbst genau das gleiche, doch sind dabei die Nachrichten in der Regel komplett verschieden.

Einige Marketer verwenden ihren eigenen Schreibstil, während andere immer dieselbe Struktur für ihre E-Mails verwenden und wieder andere passen die Nachricht und den Inhalt jeweils dem Produkt an.

Eine Formel gibt es hierbei keine. Jede Nische ist dabei ganz verschieden und die unterschiedlichsten Ansätze funktionieren. Vor allem am Anfang sollte man ruhig verschiedene Ideen und Methoden ausprobieren und sich so seinen eigenen Stil kreieren der am Besten für einen funktioniert.

Viele Wege führen nach Rom und so ist es auch bei den Affiliate Promo E-Mails. Während ein Affiliate seine Mails als eine Art Erfahrungsbericht schreibt und erwähnt was er gut an dem Produkt fand, schwört ein anderer Affiliate darauf seine Promotionen in Geschichten mit einzubinden die anfänglich nichts mit dem Produkt zu tun haben und erst am Ende wird klar wie dieses Produkt das spezifische Problem gelöst hat. Und der dritte Affiliate schreibt seine Nachrichten so kurz wie möglich und nutzt sein Werbetexter-Wissen um die Produkte zu verkaufen.

Es kann auch hilfreich sein negative Punkte des Produktes zu erwähnen. Dies macht die ganze Werbung noch glaubhafter. Allerdings sollte man dies nur ab und zu benutzen und nicht bei jedem Produkt spezifisch nach Fehlern suchen.

Egal wie man nun seine eigenen E-Mails auch schreiben mag, eines darf nie fehlen: Ein präziser und klarer Handlungsaufruf wie Beispielsweise:

"Schauen Sie sich das ganze HIER an." "Klicken Sie HIER um das Angebot zu sehen." Oder "Schlagen Sie jetzt zu und klicken Sie HIER."

Geld im Schlaf verdienen

Wer das erste Mal von Affiliate Marketing gehört hat, hat wahrscheinlich auch davon gehört wie man hunderte oder sogar tausende Euro im Schlaf verdienen kann. Doch stimmt das tatsächlich? Oder ist das nur ein billiger Verkaufstrick?
Das geht tatsächlich. Und zwar per Autoresponder.

Und wie funktioniert das ganze?
Ganz einfach: Mit dem E-Mail Marketing Dienst kann man automatische Nachrichten erstellen, die zu einem bestimmten Zeitpunkt versendet werden. So kann man zum Beispiel eine Reihe von E-Mails schreiben, die dann jedem Abonnenten individuell nach und nach zugestellt werden.

Hier ein Beispiel: Person A meldet sich heute für den Newsletter an und erhält die erste Nachricht. Zwei Tage später meldet sich Person B für den Newsletter an. Person A bekommt E-Mail #2, während Person A E-Mail

#1 erhält usw.

So muss man nicht alle X Tage wieder eine neue Nachricht schreiben und diese an alle Abonnenten schicken, sondern kann die "alten" Nachrichten immer wieder verwenden.

Zusätzlich kann man auch hier wiederum Split-Tests durchführen und jede Nachricht optimieren, so das die Konversionsraten gesteigert werden können. Sobald der ganze Prozess einmal aufgebaut und optimiert wurde, kann man das ganze automatisch weiterlaufen lassen. Nun kann man entweder seine Landing Page bewerben oder man beschränkt sich einfach auf die kostenlosen Anmeldungen über den eigenen Blog.

Wer sich einmal die Arbeit gemacht hat und einige gute Blog Artikel veröffentlicht hat, sowie eine gute Autoresponder Sequenz erstellt hat, kann mit diesem System jede Menge Geld ohne zu arbeiten verdienen.

Natürlich gibt es immer wieder mal was zu tun. So sollte in regelmässigen Abständen geprüft werden, ob alle Links noch funktionieren und die Informationen noch aktuell sind. Dies benötigt aber in der Regel nicht mehr als eine Stunde im Monat.

Wie viel man schlussendlich von so einem automatisierten System verdient ist natürlich immer abhängig davon wie hoch die Konversionsraten sind und wie viele Besucher sich für den Newsletter anmelden.

Es gibt einige Leute, die jede Menge Geld damit verdienen, indem sie regelmässig solche Systeme aufbauen und dann automatisch weiterlaufen lassen, während dem sie sich um die nächste Seite kümmern.

Zugegeben, der ganze Aufbau kostet Zeit und/oder Geld, aber sobald es einmal läuft hat man sich seine eigene legale Gelddruckmaschine erstellt und kann sich zurücklehnen oder sich um andere Projekte kümmern. Einfacher geht es wirklich nicht mehr.

Bonus: 4 Tipps wie man seine Verkäufe steigert

Affiliate Marketing ist nicht immer leicht. Einige Nischen sind hart umkämpft und oft werben mehrere Affiliates für dasselbe Produkt. Daher ist es manchmal wichtig, dass man aus der Masse positiv heraussticht. Um genau dies zu tun, habe ich hier einige Tipps und Tricks zusammengestellt. Dies ist vor allem dann sinnvoll, wenn es sich um ein etwas teureres Produkt handelt das eine gute Kommission auszahlt.

Natürlich funktionieren diese Tipps auch bei kleineren Angeboten, doch sollte man dabei immer die Kosten/Nutzen Faktor in Betracht ziehen. Lohnt es sich wirklich 5 Stunden Arbeit auf sich zu nehmen für ein Produkt, bei dem man nur 5€ Kommission erhält,oder könnte man dieselbe Zeit besser damit verbringen weitere Blog Posts zu schreiben, um mehr Leute auf die eigene Liste zu bringen?

Tipp Nummer 1: "Sei Du selbst und werde ein vertrauenswürdiger Berater."

Zugegebenermassen habe ich diesen Tipp bereits mehrmals angesprochen. Doch dieser Punkt ist so wichtig, dass ich ihn hier nochmal aufgreifen möchte.

Die Meisten Affiliate Marketer (vor allem Anfänger und kleinere Affiliates) sind sehr faul. Sie versuchen immer wieder Kosten und vor allem Zeit einzusparen und benutzen die Nachrichten, die der Verkäufer zur Bewerbung seines Produkts zur Verfügung stellt. Sowas sollte man auf keinen Fall machen!

Sollte auch nur ein Abonnent zufälligerweise genau dieselbe Nachricht von zwei Affiliates erhalten, so ist sämtliches Vertrauen weg und dieser Abonnent wird vermutlich nie wieder etwas kaufen. Mit etwas Pech spricht sich das ganze auch noch herum.
Mit Übung schreiben sich diese Promotion-Nachrichten einfach und schnell. Es lohnt sich immer seine eigenen Nachrichten zu schreiben und seine eigene Meinung mit einzubin-

den.
Auch wenn mal niemand das Produkt kauft,
so hat man trotzdem einen Grundstein für die
Zukunft gelegt, indem man sein Fachwissen
bewiesen hat.

Im Affiliate Marketing gibt es viele Möglichkeiten einiges zu automatisieren und Kosten zu
sparen. Doch sollte man nie versuchen an
den falschen Orten zu sparen - vor allem
nicht, wenn es um die eigenen Abonnenten
geht.

Tipp Nummer 2: "Das richtige Timing macht den Unterschied."

Vor allem bei neuen Produkten ist es wichtig,
dass die E-Mails rechtzeitig geschickt werden.
Wer seine Promo-E-Mail zu spät losschickt
läuft Gefahr, dass ihm bereits ein anderer Affiliate zuvorgekommen ist, und die Abonnenten
das Produkt schon gekauft haben bevor die
eigene E-Mail überhaupt im Posteingang ein-
getroffen ist.

Genauso wichtig ist es, dass die E-Mails nicht zu früh versendet werden. Niemand kann etwas kaufen, das noch gar nicht verkauft wird. Und die Chance, dass die Abonnenten daran denken zu einem späteren Zeitpunkt wieder auf den Link zu klicken ist verschwindend klein.

Tipp Nummer 3: "Mach deine Abonnenten heiss auf das neue Produkt!"

Dieser Tipp lässt sich sehr gut mit Tipp Nummer 2 kombinieren. Hierbei sendet man eine ganze Reihe von E-Mails bereits vor dem Verkaufsstart des Produktes. Ziel dabei ist es, dass sich die Abonnenten schon im Voraus auf das neue Produkt freuen und dies unbedingt gleich kaufen wollen. So hat man seine Arbeit schon vor dem Verkaufstag erledigt und hat zudem mehrere Möglichkeiten das Produkt zu bewerben und die Abonnenten davon zu überzeugen, dass das Produkt wirklich sein Geld wert ist.

Eine gute Struktur für diese Taktik wäre zum

Beispiel folgende: Nehmen wir an, wir wollen ein Produkt bewerben, welches Männern dabei hilft ein Date zu finden.

Nun schicken wir 6 Tage vor dem Produktstart eine Nachricht an unsere Abonnenten, in der wir darüber sprechen wie ein Freund, wir nennen ihn mal Steffen, das Problem hatte, dass er einfach kein Date gefunden hat.
Dabei erwähnen wir weder das Produkt noch wie dies helfen kann, sondern bauen uns nur die Grundlage auf, indem wir Steffen und sein Problem kurz vorstellen. Das Ende der Nachricht gestalten wir wie eine Serie mit einem "Cliffhanger". So dass jeder wissen will wie es weiter geht. Damit stellen wir sicher, dass die Abonnenten unsere nächste Nachricht möglichst sofort öffnen.

4 Tage vor dem Produktstart senden wir die 2. Nachricht heraus. Hier erzählen wir, wie Steffen sein Problem gelöst hat und plötzlich so viele Dates hatte, dass er sogar welche absagen musste, weil er einfach zu wenig Zeit hatte. Auch hier erwähnen wir das Produkt noch nicht und beenden die Nachricht mit dem Ver-

sprechen, dass in 2 Tagen die Lösung folgt. Wer nun beide E-Mails gelesen hat will natürlich auch wissen, wie Steffen so viele Dates bekommen hat (selbst die Leute, die das Produkt eigentlich gar nicht brauchen oder wollen!). Alle warten auf die Auflösung und auf unsere nächste Nachricht.

2 Tage vor dem Produktstart schicken wir also Nachricht Nummer 3. Erst hier erwähnen wir das Produkt kurz. Wir bleiben aber hauptsächlich noch immer bei Steffens Geschichte und beenden die Nachricht erneut mit dem Versprechen, dass wir morgen mehr über den tollen Kurs erzählen.

1 Tag vor dem Produktstart schicken wir dann endlich unsere Promo-Nachricht, in der wir das Produkt genauer vorstellen und erwähnen, das dieses Morgen verkauft wird und wir den Link natürlich sofort schicken, sobald die Türen aufgehen. Wer nun das Produkt kaufen will, ist spätestens jetzt bereit dazu, seine Kreditkarte zu zücken und sofort zuschlagen. Alles, was wir nun noch tun müssen ist den Link zum Produkt rechtzeitig zu schicken.

Tag des Produktstarts: Nun schicken wir endlich den Affiliate Link zum Produkt. Weiterhin versuchen wir die Leute zu überzeugen, die noch nicht vollkommen überzeugt davon sind, dass das Produkt etwas für sie ist. Dies machen wir, indem wir z.b. "Fragen und Antworten" über das Produkt erstellen oder uns überlegen, was für Gründe Leute davon abhalten könnte, sich das Produkt zu kaufen.

Tipp Nummer 4: "Noch einen obendrauf hauen."

Dieser Tipp ist vor allem dann hilfreich, wenn es sich um ein neues Produkt handelt, welches von vielen Affiliates beworben wird. Alles, was man hier machen muss ist ein weiteres Produkt zu haben, das man kostenlos versenden kann. Am Besten ergänzt es das zu verkaufende Produkt in irgend einer weise. Nun bietet man dieses kostenlos für all jene an, welche das Produkt über den eigenen Affiliate Link kaufen.

Das Produkt kann entweder ein eigenes sein,

ein Private Label Rights Produkt oder aber auch ein eigens dazu entworfenes Produkt, das zum Beispiel eine Verbesserung des eigentlichen Produkts darstellt oder einen gewissen Punkt weiter erklärt.

Dabei muss das Bonus-Produkt gar kein langes eBook sein, solange es einen Mehrwert für die Käufer bietet. So ist eine Liste mit Internetadressen manchmal sogar mehr wert als ein dickes eBook.

Abschliessende Worte

Man braucht wirklich kein Genie zu sein, um mit Affiliate Marketing richtig viel Geld zu verdienen. Man muss nur das richtige Produkt den richtigen Leuten in der richtigen Art und Weise präsentieren.

Allerdings steckt hinter Affiliate Marketing auch eine Menge Arbeit. Zwar erwähnt das kein Affiliate Marketer gerne, doch von nichts kommt nichts. Wer sich jedoch nicht vor der Arbeit scheut um sich seine eigene Liste aufzubauen, wird mit vielen Affiliate Kommissionen belohnt. Ist das ganze System jedoch mal aufgebaut kann man sich entspannt zurücklehnen.

Jeder, der lange genug dran bleibt kann sich seinen Lebensunterhalt mit Affiliate Marketing verdienen.
Nun ist es an der Zeit das Gelernte auch in die Tat umzusetzen und den ersten Schritt in Richtung eigener (Affiliate-)Geldmaschine zu machen.

Ich wünsche Dir damit auf jeden Fall viel Spaß und viel Erfolg!

Gutes Gelingen,
Dein *Phil Schartner ;-)*

Bonus

Vielen Dank, dass Du bis hierhin gelesen hast!
Wenn Dir das Buch gefallen hat, dann wäre ich Dir sehr dankbar für eine (kurze) Be-wertung auf Amazon.

Als kleines Dankeschön schenke ich Dir mein Buch
„Passives Einkommen durch Online Marketing".

Melde Dich hier zu meinem Newsletter an und verpass keine News mehr!!
http://mein-webbusiness.com/herzlich-will-kommen/

So bekommst Du auch gelegentliche Infos und nützliche Links von mir und bist immer auf dem neusten Stand. Du kannst Dich natürlich jederzeit wieder abmelden! Kein Ding.

Als weiteres Extra hier die ersten beiden Kapitel aus meinem Buch "E-Mail Marketing für Affiliates", welches ebenfalls auf Amazon erhältlich ist.
Viel Spass beim Reinschnuppern.

Liebe Leserin, lieber Leser!

"Das Geld ist in der Liste" - Wer sich schon mal mit Affiliate Marketing auseinander gesetzt hat, der hat diesen Satz mit ziemlicher Sicherheit schon oft gehört. Zu guter Recht! Denn E-Mail Marketing ist und bleibt die beste Methode einfach und zuverlässig online Geld zu verdienen.

Was denkst Du, wo wird im ganzen Internet am meisten Geld verdient? In den unzähligen Online Shops? Durch Werbung auf Google, Facebook & Co? Weit gefehlt. E-Mail Marketing ist für den Grossteil des online Umsatzes verantwortlich.

Daher auch der berühmte Satz, dass das Geld in der Liste steckt. Natürlich ist das ganze sehr vereinfacht. Es reicht nicht, bloss irgend eine E-Mail Liste zu haben und schon wird man damit reich. Aber es ist unbestreitbar, dass E-Mail Marketing die beste Möglichkeit ist, seine Produkte oder Dienstleistungen online zu verkaufen.

Während man mit Werbeanzeigen zwar ein grösseres Publikum erreichen kann, so hat man in einer E-Mail die volle Aufmerksamkeit des Lesers, ohne Ablenkung durch süsse Katzen oder einem Strandbild der Nachbarin.

Eines ist also klar: Wenn auch Du mit Affiliate Marketing Erfolg haben willst, brauchst Du deine eigene E-Mail Liste. Denn wenn Du Dir diese erst einmal aufgebaut hast, brauchst Du nicht ständig nach neuen Interessenten zu suchen, sondern kannst Deinen bestehenden Kontakten ganz einfach eine kure E-Mail schicken und dabei ohne viel Aufwand Geld verdienen.

Dass man diese E-Mails heutzutage auch vom Strand aus mit dem Smartphone versenden kann, brauche ich auch nicht zu erwähnen, oder?

Doch bevor Du deine Reise in die Malediven buchst solltest Du dir erstmal dieses Buch durchlesen. Hier erfährst Du nämlich alles, was Du wissen muss, um Dir Deine eigene Liste aufzubauen und wie Du damit Geld verdienen kannst, ohne viel dafür zu erledigen. Denn egal was Dir andere Online Marketer erzählen wollen, der Weg dorthin ist nicht ganz so einfach und etwas Arbeit ist auch erforderlich. Sobald dein System jedoch erstmal läuft, kannst Du Dich entspannt zurücklehnen, Dir einen Drink bestellen und zusehen, wie das Geld in Dein Bankkonto fliesst.

Genug geschwärmt. Es wird Zeit das alles zu verwirklichen. Packen wir's also an!

Dein *Phil Schartner ;-)*

Der Autoresponder

Damit Du auch richtiges E-Mail Marketing betreiben kannst, brauchst Du erstmal einen sogenannten Autoresponder. Ein Autoresponder ist ein System mit dem Du Deine E-Mail-

Adressen sammeln und Deine E-Mails versenden kannst. Und das beste dabei: einmal eingerichtet läuft das ganze wie von selbst und Du musst Dich nicht selbst darum kümmern.
Ohne einen Autoresponder ist es praktisch unmöglich. Zwar könntest Du rein theoretisch alles auch von Hand machen, aber dazu würdest Du so viel Zeit verschwenden, dass sich das ganze nie und nimmer lohnen würde. Ausserdem sind die Kosten für so einen Autoresponder auch nicht sehr hoch.

Zwar gibt es auch kostenlose Anbieter und Angebote, doch rate ich Dir von diesen ab! Alle kostenlosen Anbieter die ich kenne, verbieten es Dir Affiliate Angebote zu versenden. Wer sich nicht daran hält riskiert, dass sein Account geschlossen wird. Dann ist Deine E-Mail Liste auch futsch und die ganze harte Arbeit war umsonst. Also fang am Besten gleich richtig an und such Dir einen passenden Autoresponder Dienst. Wenn Du Dich übrigens für meinen Newsletter anmeldest verrate ich Dir auch meinen bevorzugten Autoresponder Dienst, welchen ich selbst benutze und mit dem ich sehr zufrieden bin. Den Link dazu findest Du am Ende des Buches.

Übrigens: Die meisten Anbieter bieten eine 30 Tage Testversion an, in der man das System kostenlos testen kann. Du hast also 30 Tage lang Zeit Deine ersten Affiliate Verkäufe zu machen um Deinen Autoresponder selbst zu finanzieren! Das ist durchaus möglich, wenn Du genügend Zeit und Arbeit in das Projekt investierst.

Doch was macht dieser Autoresponder nun alles für Dich? Zu allererst verwaltet er Deine E-Mail-Adressen. Wenn sich jemand über das Anmeldeformular (sprich: die Squeeze- oder Landing-Page) anmeldet, fügt er diesen neuen Kontakt Deiner Liste hinzu. Und wenn sich jemand wieder abmelden will, so entfernt er den Kontakt wieder von der Liste. Die Statistiken über diesen Empfänger bleiben jedoch weiterhin im System enthalten.
Natürlich kannst Du mit Deinem Autoresponder beliebig viele Listen erstellen und individuell verwalten.

Das ist jedoch noch lange nicht alles. Denn Dein Autoresponder versendet auch Nachrichten. Hierbei gibt es zwei verschiedene Varianten. Entweder Du schreibst eine E-Mail und versendest diese an alle Kontakte (so wie bei einer ganz normalen E-Mail Nachricht), oder Du baust Dir eine Autoresponder Sequenz auf.

Der Vorteil dieser Methode ist, dass jeder Abonnent eine Reihe von E-Mails bekommt, egal zu welcher Zeit er sich für Deinen Newsletter anmeldet.

Hier ein Beispiel:
Nehmen wir an, Du schickst heute eine Nachricht an Deine Abonnenten raus und wirbst für ein tolles Produkt. Deine Abonnenten sind absolut begeistert davon und Du verkaufst jede Menge Produkte. Super! Doch nach einem Monat hast Du weitere 500 Abonnenten, die dieses tolle Produkt noch nie gesehen haben. Du weisst, eine Menge der Leute würden das Produkt sofort kaufen, aber Du weisst auch, dass Deine alten Abonnenten was neues wollen. Wenn Du also dasselbe Produkt erneut

bewirbst, läufst Du Gefahr, dass sich einige Deiner alten Abonnenten abmelden werden.

Ein zweites Beispiel:
Du möchtest Deine Abonnenten Schritt für Schritt zu einem gewissen Ziel führen. Wenn Du nun die Nachrichten normal sendest, können Dir nur die Leute folgen, die von Anfang an dabei waren. Alle anderen, die mittendrin hinzukommen verstehen nur Bahnhof.
Natürlich könntest Du immer neue Listen erstellen und zum Beispiel immer bei Monatsanfang einen neuen Kurs beginnen. Doch sind wir mal ehrlich, heutzutage wird wohl kaum mehr jemand darauf warten bis der Kurs beginnt, sondern wird sich einfach einen anderen Kurs suchen.

Die Lösung dazu ist die Autoresponder Sequenz. Denn hier kannst Du eine Reihe von Nachrichten schreiben, die jedem Abonnenten individuell zugeschickt werden.
Beispiel: Peter meldet sich heute an. Er erhält auch gleich E-Mail #1. Am 2. Tag erhält er E-Mail #2. Am 3. Tag meldet sich Martin an. Nun erhält Martin E-Mail #1 und Peter E-Mail #3.

Am 4. Tag melden sich noch Eva und Dennis an. Sie erhalten E-Mail #1, Martin E-Mail #2 und Peter E-Mail #4. Und so weiter und so fort.

Natürlich kannst Du auch sagen, dass Du nur alle 3 oder 7 Tage eine Nachricht schicken möchtest, oder dass die Nachrichten jeweils nur montags und donnerstags verschickt werden sollen.
Seit neustem bieten die Meisten Autoresponder-Dienste auch noch komplexere Systeme an. So kann man zum Beispiel angeben, dass eine Reihe von E-Mail Nachrichten nur an die Leute geschickt wird, die auf einen gewissen Link in einer Nachricht geklickt haben oder an all diejenigen, die die vorherige Nachricht nicht geöffnet haben.

Wie Du siehst, ist der Autoresponder Dein bester Freund und kann eine ganze Menge toller Sachen.

So kannst Du zum Beispiel auch Dein gesamtes E-Mail Marketing voll automatisieren, indem Du einfach einen Haufen Nachrichten im

Voraus schreibst und diese dann jedem Abonnenten individuell verschicken lässt. Natürlich nützt es Dir nichts, wenn Du 1'000 Nachrichten geschrieben hast, wenn sich Deine Abonnenten nur die ersten 10 Nachrichten anschauen bevor die Nachrichten ungelesen im Posteingang bleiben oder sie sich wieder abmelden. Es ist also sinnvoll nur soviel Nachrichten zu schreiben, wie nötig.

Wenn Dir dieser kurze Auszug gefallen hat, dann kannst Du das Buch auf Amazon kaufen.
Such dazu einfach nach mir,
Dein Phil Schartner ;-)

Du kannst es Dir auch einfach direkt bei mir holen. Schick mir dazu einfach eine Email an:
office@mein-webbusiness.com

Rechtliche Hinweise

Das hier vorliegende e-Book dient nur der allgemeinen Information und stellt keinen professionellen Rat dar. Die Inhalte basieren auf den Ansichten und Meinungen des Autors und allen, die an diesem Buch mitgewirkt haben.

Seitens des Autors und aller beteiligten Personen wurde jede Anstrengung unternommen, um korrekte und aktuelle Informationen in diesem Dokument bereitzustellen. Bitte bedenken Sie, dass die Technologien sehr schnell voranschreiten und sich ändern. Daher behalten sich der Autor und die beteiligten Personen das Recht vor, die hier angebotenen Inhalte und Informationen zu aktualisieren, sofern diese Änderungen notwendig werden. Weder der Autor noch die an diesem Werk Beteiligten tragen irgendeine Verantwortung für Fehler oder Weglassungen, sollten solche Diskrepanzen in diesem Dokument auftauchen.

Der Autor und alle anderen Beteiligten sind

weder finanziell, rechtlich oder auf eine andere Weise verantwortlich zu machen für ir-
gendwelche Folgen, die sich durch die An-
wendung des angebotenen Materials erge-
ben.
Es liegt in der Verantwortung des Lesers, sich
vor Umsetzung des Materials aus diesem
Buch professionellen Rat einzuholen.

Die Erfolge des Lesers basieren auf seinen
Fähigkeiten und der individuellen Wahrneh-
mung der Buchinhalte. Daher können keinerlei
Garantien abgegeben werden, weder in finan-
zieller Weise noch auf andere Art. Garantien
werden in keinerlei Form gewährt.

Impressum